Vom Geschmack des Lebens

Kein Tag ist
wie der andere.
Es liegt an dir,
ob du die Besonderheit
einzelner Augenblicke
aus der Fülle der Zeit
für dich
hervorlocken kannst.

Christa Spilling-Nöker

VOM GESCHMACK DES LEBENS

Eschbacher LebensArt

Christa Spilling-Nöker, Dr. phil., geboren 1950 in Hamburg, ist Pfarrerin der badischen Landeskirche und zur Zeit als Religionslehrerin in Karlsruhe tätig. Sie hat eine tiefenpsychologische Zusatzausbildung.

Zahlreiche Veröffentlichungen.
Lieferbare Titel im Verlag am Eschbach:

Berührt vom Wunder des Lebens. Jahresgebundener Monatskalender.
Der Himmel ist in dir. *Segensworte* (Geschenkheft 108 / Mini 725).
Ein großes Ja zum Leben. *Ermutigungen* (Eschbacher Schatzkiste 788).
Ein Korb voller Glück. *Glück- und Segenswünsche* (Geschenkheft 889).
Eine Rose bist du. *Von der Weisheit und vom Zauber der Rosen* (Geschenkheft 764).
Hoffnung hat heilende Kraft. *Gute Wünsche zur Genesung* (Geschenkheft 273).
Jeder Augenblick zählt. *Segensworte* (Mini 553).
Komm, mein Engel, komm. *Beflügelnde Worte für jeden Tag* (Geschenkheft 222/Mini 523).
Kostbare Stunden. *Der Weite Raum geben* (Geschenkheft 561).
Lass das Leben gut zu dir sein. *Gesegnet durchs Jahr* (Geschenkheft 729).
Lass deine Sehnsucht träumen. *Von der Weihnachtshoffnung* (Mini 735).
Leben hat die Farbe Sehnsucht. *Ein immerwährender Buchkalender* (Buch 590).
Liebe das Leben. *Ermutigungen* (Geschenkheft 264).
Nimm jede Stunde als Geschenk. *Ermutigungen und Segensworte* (Geschenkheft 510).
Vom Baum lernen jeden Tag neu. *Wünsche für den Lebensweg* (Geschenkheft 550).
Vom Geschmack des Lebens (Eschbacher LebensArt 899).
Was mir gefällt auf dieser Welt. *Von der Dankbarkeit* (Geschenkheft 767).
Wenn du eine Blume siehst (Mini 894).
Zärtlichkeit wagen. *Eine Wegbegleitung* (Geschenkheft 290).

Titelbild: Bildagentur Waldhäusl, A-Waidhofen/Ybbs

Bibliographische Information der Deutschen Nationalbibliothek:
Die Deutsche Nationalbibliothek verzeichnet diese Publikation in der
Deutschen Nationalbibliographie; detaillierte Daten sind im Internet über
http://dnb.d-nb.de abrufbar.

ISBN 978-3-88671-899-3
© 2009 Verlag am Eschbach der Schwabenverlag AG
Im Alten Rathaus/Hauptstr. 37
D-79427 Eschbach/Markgräflerland
Alle Rechte vorbehalten.

www.verlag-am-eschbach.de

Gestaltung: Finken & Bumiller, Stuttgart
Herstellung: Freiburger Graphische Betriebe, fgb

INHALT

EINFÜHRENDE GEDANKEN

Wie einem das Leben „schmeckt", hängt von der jeweiligen Situation ab, in der man sich befindet. Bisweilen kann man das Leben nach allen Regeln der Kunst genießen, und sich an seinen Sinnen freuen. Essen und Trinken zergehen einem lustvoll auf der Zunge, ein frohes Fest lässt einen singen und tanzen und in der Nacht umgibt einen die Stille mit ihrem wundersamen Glanz. Ein anderes Mal überkommt einen der Übermut, man hat die komischsten Einfälle, fühlt sich wie die Kinder und kann sich ausschütten vor Lachen. Da möchte man sein Herz zum Himmel hinaufwerfen und mit den Engeln um die Wette jubilieren. Alles in einem ist heiter und leicht.

Solches Erleben ist kostbar, die Erinnerung an derartige heitere, ja heilige Momente geben einem Kraft, wenn einem das Leben bitter schmeckt. Wenn einen Ängste überkommen und man sich einsam und verloren fühlt; wenn einen Scham und Schuld zu erdrücken drohen oder Trauer einem die Seele zuschnürt. Wenn man das Gefühl hat, dass die Sonne nur für die anderen scheint. Es braucht Zeit, sich aus solchen schmerzhaften Erfahrungen aufrichten und dem Leben wieder neu die Stirn bieten zu können. Manchmal hilft es, wenn man sich dann für andere Menschen engagiert, die auf ähnliche Weise betroffen sind. Denn die Liebe, die dadurch in einem lebendig wird, kehrt auf wundersame Weise zu einem selbst zurück.

Das Gefühl, wenigstens vor Ort etwas Gutes und Heilsames bewirken zu können, beseelt einen mit tiefem Frieden und bewegt zugleich dazu, auch das eigene Leben neu anzupacken und nach und nach wieder auf die Spur von Lebenslust und Freude zu bringen.

Christa Spilling Nöker

SÜSS

„Das Leben schmecken" ist nicht nur im übertragenen Sinn, sondern auch wortwörtlich zu verstehen. Manchmal bleibt einem – vielleicht aus zeitlichen Gründen – keine andere Wahl als in der Stadt schnell etwas „auf die Hand" zu essen oder seinen Hunger in einem Fast-Food-Restaurant zu stillen.

Aber es wäre schade, wenn aus der Ausnahme eine Regel würde. Wenigstens an den Wochenenden sollte man sich Zeit nehmen „richtig" zu kochen und dadurch für sich selbst, die Familie oder eingeladene Freundinnen und Freunde eine angenehme Atmosphäre zu schaffen. Planung und Einkauf der Lebensmittel können da durchaus Freude machen und die Zubereitung selbst lässt einen durch ihre sinnlichen Erfahrungen zwischen Düften und genießerischem Abschmecken Alltagssorgen vergessen. Ein hübsch gedeckter Tisch mit einer Kerze darauf lädt dazu ein, die leckeren Speisen, dekorativ angerichtet, auch wirklich genießen zu können. So wird das Essen zu einem Augen- und Gaumenschmaus und sättigt zugleich Leib und Seele.

Ich habe ein großes Fest zu feiern:
die Räume sind geschmückt,
das Essen ist bestellt,
die Getränke liegen kalt.
Ich freue mich auf die Gäste,
auf ihren Genuss an all dem,
was liebevoll
vorbereitet worden ist.
Ich bin gespannt
auf ihre kreativen Einfälle,
die das Fest auf eigene Art
erst zu einem solchen
werden lassen.
Mein Herz lacht
in der frohen Erwartung
auf ein rauschhaft schönes,
harmonisch geselliges
Zusammensein.

Nicht nur das Essen ist eine Lust,
sondern auch das Zubereiten der Speisen
kann einen mit höchster Freude
beglücken.
Wenn man am Schälen und Schnippeln,
am Schneiden und Hacken ist,
die feinen Zutaten vorbereitet
und den Duft der knackigen Gemüse
und frischen Kräuter einatmet,
regt sich schon der erste Appetit.
Wenn aber alles erst
in Pfannen und Töpfen
brodelt und brät
und die Wohlgerüche
Küche und Räume durchwehen,
dann öffnet sich der Magen
für die köstliche Mahlzeit
und das Herz zum Dank
an den Geber aller guten Gaben,
in der tiefen Gewissheit,
dass all diese Genüsse
keine Selbstverständlichkeit sind.

„Essen und Trinken hält Leib
und Seele zusammen"
lautet ein altes Sprichwort.
Also genieße das,
was auf dem Tisch steht,
lass dir die Speisen
auf der Zunge zergehen
und ruhe dich
bei einem Mittagsschläfchen
genüsslich
davon aus.

Ich wünsche dir
ein sattes Leben:
Essen, das dir schmeckt,
Musik, die dich berührt,
Duft, der dich betört,
Blumen, die dich verzaubern,
Worte, die dich aufrichten,
und immer wieder einmal
eine Hand
in der deinen.

Kommen
feine Speisen
auf den Tisch,
gibt's Gemüse,
Fleisch und Fisch,
wollen wir sehr gern
verweilen
und beim Essen uns
nicht eilen.
Noch ein wenig
vom Tartar?
Bier dazu,
ganz wunderbar.

Erst ein Steak,
dann etwas Fisch?
Dazu Nudeln,
aber frisch.
Zum Dessert
„crème chocolat",
die schmeckt einfach
wunderbar.
Etwas Käse jetzt
zum Schluss:
das ist ja ein
Hochgenuss.
Dazu noch ein
Schlückchen Wein:
„Könnt das Leben
schöner sein?"

Wer weiß,
was dir heute wieder entgegenkommt
– vielleicht erste Spuren
der Hoffnung.

Wer weiß,
was dir heute wieder im Wege steht
– vielleicht der Hinweis
auf eine neue Richtung.

Wer weiß,
was dir heute wieder blüht
– vielleicht ein Strauß
roter Rosen.

Es gibt dich:
Das Leben hat dich gewollt.
Wirf dich ihm
voller Leidenschaft
in seine geöffneten Arme,
und es wird dich
mit seiner zärtlichen
Kraft durchdringen,
so dass du alles Heilsame
lieben lernst,
das dir begegnet.

Du wartest
schon so lange darauf,
dass das Wunder
an deine Tür klopft
und dich
um Einlass bittet,
und wenn es
nicht kommt,
weinst du
vergebens.
Versuche derweil,
den Faden deines Glücks
selbst zu spinnen.
Wer weiß,
welch Wunderwerk
dabei entsteht.

Jedes Leben hat besondere Quellen der Freude. Manchmal werden sie durch dunkle Erfahrungen überschattet, die einen so stark beschäftigen, dass man darüber die glanzvollen Augenblicke nicht mehr wahrzunehmen und aufzuspüren in der Lage ist. Vielleicht ist auch das eine Seite von Gnade, wenn einem völlig unvermittelt die Erinnerungen an helle Momente, an beglückende Begegnungen, an Gedanken, die einen tief bewegt haben, wieder ins Bewusstsein steigen. Manchmal sind es ja ganz kleine Dinge, ein Wort, das man gehört, ein Gedanke, den man vor Jahren oder Jahrzehnten einmal gelesen hat, der sich einem – gleichsam wie eine edle Perle – plötzlich wieder vergegenwärtigt und dem Leben frische Impulse verleiht.

Nimm jede Stunde
als Geschenk
und fülle sie
mit deiner Fantasie,
deiner Kraft
und vor allem
mit deiner Liebe,
damit dir kein Augenblick
als nichtig entflieht,
sondern jeder Tag
zu einer erfüllten
Lebenszeit wird.

Manchmal
die Leichtigkeit des Lebens
tief einatmen
und ihr genügend Zeit
einräumen.
Seifenblasen
in die Luft pusten,
ihren schillernden Farben
eine kleine Weile
nachträumen,
bis sie zerplatzen.
Auf einer bunten Sommerwiese
vor sich hindösen
mit nicht mehr
als einem Grashalm im Mund.
Den Wolkengebilden
am weiten Himmel
eigene Namen geben
und ihre Spuren
sinnierend verfolgen.
Sich in den Abend
hineinfallen lassen
mit einem Glas
kühlen Weins
in der Hand.

Wenn der Tag beginnt
und die ersten Sonnenstrahlen
mein Gesicht behutsam streifen,
dann möge mir vom Himmel her
ein Engel mitten ins Herz fallen,
so dass ich all das Schöne,
das an diesem Tag auf mich wartet,
voll auszukosten vermag,
damit ich alles Lästige
gelassen nehmen kann
und den Klängen des Himmels
einen Resonanzboden zu geben vermag
mit Leib und Seele,
ja, dass die Hand der Freude
mich an diesem Tag hält.

Sei wie Feuer:
glühend in Lust und Liebe,
brennend für neue Ideen,
lodernd in den Flammen von Fantasie
und Leidenschaft!

Sei wie Wasser:
klar und tief in den Gefühlen und Gedanken,
wild strudelnd vor Lebendigkeit,
überströmend in Freundschaft und Liebe!

Sei wie Luft:
leicht und frei für das Spiel der Träume,
durchlässig für das Licht eines neuen Morgens,
kraftvoller Atem, der lebendig macht!

Sei wie Erde:
fest und sicher für die Schritte deiner
Entscheidungen und Ziele,
fruchtbar für das Aufkeimen neuer Hoffnungen
und das Aufblühen von Erfüllung und Glück!

Die Natur hält immer wieder
ein prächtiges Schauspiel für uns bereit,
eine bunte Palette an farbiger Fülle,
um uns mit lichter Heiterkeit,
mit tiefer Freude
und mit Frohsinn
zu beglücken.

Mit offenen Augen dürfen wir
die Schönheit allen Lebens bestaunen,
die betörenden Anblicke sammeln
und uns von ihnen verzaubern lassen,
damit uns das Herz aufgeht
für die Wunder
dieser Welt.

Frei sein
wie ein Vogel
unter der Sonne,
den Wind als Gefährten,
schwebend zwischen
Himmel und Erde,
und die Leichtigkeit
des Lebens spüren
mit jedem Flügelschlag.

Ein neuer Tag
liegt vor dir,
ein neues Stück Leben
breitet sich
in dir aus.

Ergreife die
vielfältigen Möglichkeiten,
die dir entgegenkommen,
fülle die Stunden
mit deiner Lust,
entfalte deine Begabungen
und spiele mit deinen
Fantasien
und du wirst leuchten
und lieben
und leben.

Durch mich hindurch
leuchtet ein helles Licht.
Der Himmel hat sich
unendlich geweitet,
die Hoffnung hat sich
in mir ausgebreitet
und meine Träume
tragen dein Gesicht.

Du erhellst mein Leben,
wie das Licht
eines neuen Morgens,
und erfrischst
meine müde Mattigkeit,
wie der Tau
auf Blättern und Blüten,
der dir den
anbrechenden Tag
verheißt.

Heute wünsche ich dir
einen Himmel
mit silbernen Wolken
und einer goldenen Sonne,
Tautropfen aus Perlen
und eine Erde
von Rubin.

Heute wünsche ich dir
tiefe Einsicht in
dein Herz, in dem die
Herrlichkeit dieser Welt
schon seit langem
seinen Spiegel
gefunden hat.

Ich bin dankbar
für die Stille, die mich umhüllt
wie ein Engelsflügel des Friedens,
und für die Musik,
die neue Töne in meiner Seele
zum Schwingen bringt.
Ich bin dankbar
für die Gedanken,
die in mir erwachen,
und für die Worte,
mit denen ich andere Menschen
beschenken kann.
Ich bin dankbar,
für solche Stunden
innerer Stimmigkeit,
in denen ich einen Hauch
vom Himmel ahne.

Ich wünsche dir,
dass du dich nicht
vor Menschen fürchtest,
die andere Meinungen vertreten,
andere Lebensformen bevorzugen
oder andere Schwerpunkte
für sich setzen als du.
Mögest du die Vielfalt
des Lebens genießen
und dankbar sein können
für die Buntheit der Welt,
in der auch du ein erfrischender
Farbtupfer bist.

Wie heiter ist der Morgen,
wie verheißungsvoll
der Gesang der Amsel,
der dir verkündet,
dass dir die Freude
des anbrechenden Tages
einfach ins Herz fällt.

Welch himmlisches Licht
liegt über dem Tag,
an dem du nichts Bestimmtes
tun oder leisten musst.
Lass dich in die
vor dir liegenden Stunden
hineinfallen wie in einen
Liegestuhl am Strand.
Vielleicht steigen dir dann
Fantasien auf,
womit du dir selbst Gutes tun
und dich verwöhnen kannst.

Heute blicke ich auf einen
glücklichen Tag zurück.
Vieles ist mir gelungen
und ich konnte Zeit finden,
mir Gutes zu gönnen.
Mit niemandem
liege ich im Streit
und die Worte, die ich
gewechselt habe,
waren freundlich.
In mir breitet sich
ein wohliges Gefühl
von Zufriedenheit aus,
denn gesättigt sind mir
Leib und Seele.
Was für ein Segen.

Solch ein Leben:
voll an Farben,
Licht und Tönen,
reich an allem,
was dir deine Sinne
stets aufs Neue füllt
und dich immer wieder
mit dem seligen Gefühl
von Glück berauscht,
solch ein Leben
wünsch ich dir.

Hab acht,
wie das Leben so spielt.
Bisweilen tröpfelt es dir
nach und nach
Freude ins Herz.
Es liegt nun an dir,
ihre Spuren zu entdecken
und dich von ihnen
zu schöpferischen Fantasien
inspirieren zu lassen.

Was wäre denn das
für ein Leben,
ohne die Stille
und das zarte Streicheln
des Windes
auf deiner Haut?
Was wäre denn das
für ein Leben,
ohne die sich wandelnden
Farben der Jahreszeiten
und das Licht des Himmels,
das täglich
über dir leuchtet
und seinen Spiegel
in deiner lebendigen Seele
sucht.

Wenn es Abend wird,
dann lege den verflossenen Tag
zurück zu all den anderen,
die das innere Album
deiner Erinnerungen bisher
gestaltet haben.
Vielleicht magst du in aller Ruhe
all das Schöne aus ihm hervorloben,
mit dem er heute
deine Seele beglückt hat.

Nimm noch eine
Handvoll Licht
mit in dein Haus,
bevor es Abend wird,
damit dich die Nacht
nicht in völliger Finsternis
überkommt.

Den Abend
in aller Stille genießen.
Die Erinnerungen,
die in einem aufsteigen,
und die Gedanken,
die einen gerade bewegen,
fließen lassen,
um beim Anbruch der Nacht
Ruhe zu finden
und inneren Frieden.

Leben mit all seiner Schönheit
und Kraft genießen können:
dem Zauber des Frühlings mit
seinen verheißungsvollen Knospen
und seiner Blütenpracht erliegen;
sich den lauen
Sommerabenden hingeben
und das darauf folgende
nächtliche Gewitter
mit Blitz und Donner nicht fürchten,
sondern beim Rauschen der Blätter
und dem niederprasselnden Regen
genüssliche Freude empfinden.
Wehmutsvoll in den
abschiedsgestimmten Herbst
mit seinen farbigen Blättern,
seinen abgestorbenen Blüten
und seiner morbiden Stimmung
einwilligen können,
und dem Winter in all seiner
frostigen Strenge
sein einmaliges Recht gewähren –
auch darin liegt Glück.

Die ersten Sonnenstrahlen
der Frühjahrssonne
wärmen deinen Körper,
berühren deine Seele,
küssen dein Herz
und erfüllen dich
mit der ermutigenden Gewissheit,
dass auch deinem Leben
wieder überraschend Neues
entgegenwachsen will.

Es ist immer wieder ein Geschenk, wenn du draußen die üppige Fülle der Natur, zugleich aber auch den seelischen Reichtum in dir selbst neu entdecken kannst. Die Seele gleicht ja einem Garten, in dem sich täglich etwas verwandeln und erneuern will. Auch hier wollen die vielen Möglichkeiten, die in dir angelegt sind, gepflegt und betreut sein, damit sie lebendig bleiben und aufblühen können. Während du so stetig zu dir selbst hinwächst, geschieht immer wieder das Wunder: Verlorenheit wird aufgefangen von der Poesie der Liebe, Zartheit wächst sich aus zu Zärtlichkeit, Einsamkeit treibt hin zum Du.

Den Knospen gleich
wieder zum Leben erwachen:
Sich ausstrecken
nach Wärme und Licht,
nach zärtlicher Begegnung,
Berührung und Liebe.
Die Träume in der fruchtbaren
Erde verankern
und dem kommenden Glück
beschwingt und heiter
entgegenwachsen.

Solange es Bäume gibt,
existiert Hoffnung,
solange Hoffnung
vorhanden ist,
lebt die Zuversicht,
solange Zuversicht
das Herz der Menschen bewohnt,
grünt auf der Erde eine Zukunft,
die Geborgenheit
und Verlässlichkeit
verheißt.

An sonnigen Sommertagen laden Wälder geradezu zum Spaziergang ein. Im Schatten der Bäume ist die Hitze erträglich. Unter den Füßen das weiche Moos auf dem feuchten Waldboden. Dann und wann Pilze. Käfer mit glänzenden Flügeln überqueren den Weg, bunte Schmetterlinge irren nach Nektar spendenden Blüten umher, Spechte klopfen rhythmisch an alte Stämme, Vögel zwitschern miteinander um die Wette, Tannenharz verströmt einen betörenden Duft. Leben, wohin man sieht, hört und riecht. Was für ein Geschenk ist es, wenn wir diese Fülle des Lebens mit all unseren Sinnen in uns aufnehmen können. Vielleicht regt sie uns dazu an, die unermessliche Vielfalt des Lebens in unserer eigenen Seele zu entdecken und ihre bunten Möglichkeiten spielerisch zu entfalten.

Sterne am Himmel,
Wurzeln in der Erde
und eine Krone,
die den Weg
nach oben sucht,
hin zum
Licht.

Im Schatten eines Baumes
mit den Vögeln
um die Wette singen,
die warmen Sonnenstrahlen
in sich einlassen,
der Freude am großen Blühen
sein Herz öffnen
und diesen himmlischen Augenblick
in das Herz versenken,
damit er einem niemals mehr
verloren gehen kann.

Koste die Stille
des Winters aus:
Auch die entlaubten Bäume bergen,
mit Raureif überzogen,
einen geheimnisvollen
und wundersamen Reiz in sich.

Koste die Stille
des Winters aus:
Auch die schützende Wärme daheim
und die Ruhe im Zimmer
laden dich heute ein
zum Träumen von Frieden und Glück.

Weihnachten liegt in der Luft,
Kerzenglanz und Tannenduft,
Mandeln, Zimt und Marzipan
regen Leib und Seele an,
diese Zeit mit allen Sinnen
frohen Herzens zu beginnen.
Lichter an den Weihnachtsbäumen
lassen deine Sehnsucht träumen.
Auf geheimnisvolle Weise
spürst du in der Tiefe leise,
dass sich wieder Hoffnung regt,
die zur Wandlung hin bewegt:
neue Zukunft, neues Leben
wird in Fülle dir gegeben.

Manchmal
mitten am Tag
Luftschlösser bauen,
den Wolken nachträumen
und die Wünsche
und Sehnsüchte
zum Himmel schicken.
Eines Morgens vielleicht
die Behausung erden
in dir selbst:
Geborgenheit spüren
inmitten der Nacht.

Noch ist Zeit,
dir den einen
oder anderen Wunsch
zu erfüllen.
Beginne heute damit,
warte nicht erst
auf morgen.

Kein Tag ist
wie der andere.
Es liegt an dir,
ob du die Besonderheit
einzelner Augenblicke
aus der Fülle der Zeit
für dich
hervorlocken kannst.

Dankbar sein können
für das, was war;
freudig sein über das, was ist;
erwartungsvoll blicken
auf das, was vielleicht
alles noch sein kann.

SAUER

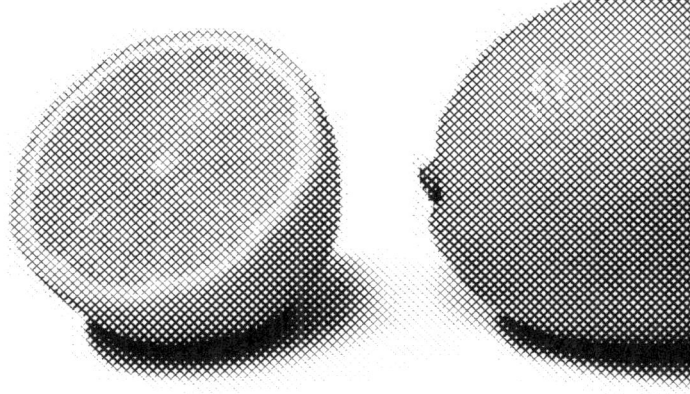

„Sauer macht lustig" sagt eine Redensart.
Vielleicht nehmen wir das Leben oft zu ernst,
anstatt in vielen Situationen unseres Alltags
eine gewisse Komik zu entdecken, um ihnen
mit einer Portion Humor zu begegnen und uns
mit unseren kleinen Missgeschicken auch
selbst „auf die Schippe" zu nehmen. Denn:

Über sich selbst
lachen zu können,
ist der Anfang
täglichen
Vergnügens.

Heute lebe ich
den Clown in mir.
Ich schlage
Purzelbäume
vor Vergnügen,
führe andere
an der Nase herum
und freue mich
über den Spaß,
den sie
dabei haben.
Heute lebe ich
den Clown in mir –
ernst bin ich
oft genug.

Wer sich heute
mit vollem Herzen
in das Vergnügen
fallen lassen kann,
der verliert seine Angst
vor dem Morgen.

Es ist ein Irrtum zu glauben,
dass man das wahre Leben
nur in seiner Tiefe
und Schwere entdeckt.
Gerade in der Unbekümmertheit
und der ausgelassenen Freude
löst sich der Kummer
im wahrsten Sinne des Wortes
wie von selbst –
und Erlösung wird spürbar,
in der Gnade
leichten Seins.

Übermut tut
manchmal gut –
so viel Unsinn
in dem Kopf,
und Humor
unter dem Schopf,
so viel Fröhlichkeit
im Herzen
und den Sinn danach
zu scherzen,
so viel Spaß
an dem Vergnügen –
dieser Lust will ich
mich fügen.

Dem Himmel sei Dank
für die sorglosen Tage,
für die vergnüglichen
und sonnigen Augenblicke,
in denen dein Herz leicht wird,
in denen der Frohsinn
dir die verrücktesten
Einfälle entlockt
und die Freude über die
Schönheit des Lebens
deine Seele bezaubert.

Wie herrlich heiter
hat der Tag begonnen,
wie lustvoll ist
die Zeit zerronnen,
wie himmlisch war
der Sonnenschein,
wie göttlich schmeckt
jetzt ein Glas Wein.

„Froh zu sein bedarf es wenig, denn wer froh ist, ist ein König", so lautet der Text eines Kanons, den wir als Kinder gesungen haben. Vielleicht haben wir Lust, diesen Kanon in heiterer Runde – spätestens nach einigen Gläsern Bier oder Wein – einmal wieder zusammen anzustimmen. Genießen wir also die geselligen Stunden, in denen wir mit anderen zusammen lachen und vergnügt sein dürfen. Es tut gut, einmal so richtig aus sich herauszukommen und – mit Verlaub – ein wenig abzulästern, um den Alltag vergessen zu können. Ein Abend voller Heiterkeit stärkt das Immunsystem und ist zugleich Labsal für die Seele.

Öffne der Heiterkeit
deine Tür,
damit dein Herz
von Freude
und Frohsinn
ergriffen wird
und du dem Tag
so viel Lebenslust
abgewinnst,
dass du die Seligkeit
der Ewigkeit
jetzt schon
zu schmecken
glaubst.

Lass mich, guter Gott,
an jedem Tag ein wenig
fröhlich sein,
dass ich still vergnügt
mich freue an dem
Sonnenschein,
dass mir jeder
helle Stern
in dunkler Nacht
tief hinein
in meine Seele
lacht,
dass ich Frohsinn
guter Dinge
dann und wann
mit gelöstem Herzen
einfach nur
genießen kann.

Heute will ich mich
in das Vergnügen
fallen lassen.
Vielen netten Menschen
möchte ich begegnen,
mich am leckeren
Buffet erfreuen,
die Musik durch
meinen Körper
schwingen lassen
bis hinein
in einen frohen
Tanz.

Ach, wie schön ist doch
das Leben,
wollen wir dem Ernst
entschweben
und vor Freude
heiter singen:
„Wirt, du sollst noch
ein Glas bringen!"

Es ist ein
unersättliches Vergnügen
auf einer Sommerwiese nur
zu liegen;
die Sonne kitzelt
meinen Bauch,
die Fliegen um mich
tun das auch.
Zum Schlafen komm' ich
leider nicht,
doch fällt das nicht so
ins Gewicht.
Wie herrlich sind
die schönen Stunden –
ich sage es
ganz unumwunden,
die Heiterkeit,
die sie mir geben,
erfüllt mit Freude
mir mein Leben,
so könnt es bleiben
allezeit
für jetzt und –
auch in Ewigkeit.

Ich wünsche dir,
dass du dir in Zeiten,
in denen du allein bist,
selbst gesellig sein kannst.
Mögest du heitere Erinnerungen
im Geiste noch einmal
nacherleben und über sie
schmunzeln können.
Sie werden dir
ins Bewusstsein rufen,
wie viele schöne Erfahrungen
dir im Laufe der Jahre
schon geschenkt worden sind.

Ich habe einmal auf einer Karte sinngemäß gelesen: „Wissen Sie, wozu der liebe Gott dem Menschen zwei Augen mitgegeben hat? Damit er mal eins zudrücken kann." Eine humorvolle Lebensweisheit, die viel Wahrheit beinhaltet. Da kommt der erwartete Besuch zu spät – und man ärgert sich, weil derweil das langwierig und liebevoll vorbereitete Essen verkocht ist; da hat eine Freundin vergessen, das erbetene Buch mitzubringen, das man sich dringend von ihr ausleihen wollte – und man weiß jetzt nicht, wie man schnell an dessen Inhalte kommt; da haben die Handwerker einen Anschluss falsch gelegt – und man muss mit ihnen einen weiteren Termin ausmachen; ist doch im Grunde genommen wirklich alles halb so schlimm, oder?

Den Ernst des Lebens
zu erfassen und zu ertragen
ist oft eine schwere Aufgabe –
sich mit Heiterkeit
darüber erheben zu können
eine Lebenskunst.

Wem es gelingt,
über seine Feinde
dann und wann
schmunzeln zu können,
der hat den Kampf
bereits gewonnen.

Manchmal braucht man
eine innere Distanz
zu all den schwierigen
und problematischen
Situationen des Lebens.
Wenn man sich
immer wieder einmal
vor Augen hält,
wie kurz das Leben ist
und wie bemessen
die eigenen Tage sind,
dann kann man sich
gelegentlich
leichten Herzens
darüber erheben
und Vielerlei aus
einer lichten und
humorvollen Perspektive
mit heiteren Sinnen
betrachten.

Lachen kann ansteckend sein. Und ich denke, das ist die einzige „Ansteckung", über die wir uns von Herzen freuen können. Denn sie macht nicht krank, sondern gesund. Lachen befreit die Seele. Wenn uns danach zumute ist, uns einmal richtig „ausschütten zu können" vor Lachen, dann entsteht wieder Platz für neue Erlebnisse und Erfahrungen. Hoffentlich für angenehme und heitere!

Humor
ist eine besondere
Gottesgabe:
Er entzieht dem
tiefgründigen Ernst
seinen Boden
und erheitert mit
geschliffenem Witz
Geist und Herz.

Auch die Fähigkeit
zu lachen
ist eine gute Gabe
des Schöpfers.
Halte also
mit deiner Heiterkeit
nicht hinter dem Berg –
freue dich vielmehr
an dem,
was dir tagtäglich
an Scherz und Spaß
begegnet.
Durchwebe dein Leben
immer wieder einmal
mit einem Lächeln –
und du wirst dich wundern,
wie viel Frohsinn
zu dir zurückströmt.

Heute möchte ich
die Samen meines
übermütigen Vergnügens
tief in der Erde versenken,
in der Hoffnung,
dass sie darin aufgehen
und mir auch
in der Zukunft
Früchte der Freude
wachsen lassen,
damit sich mein Verlangen
nach Frohmut langfristig
sättigen kann.

Auf einem weiten Feld
werden die Grashalme
von der Sonne gekitzelt –
vor Behagen
neigen sie sich
einander zu –
und durch jede
ihrer Berührungen
locken sie weiteres
heiteres Vergnügen hervor.
Läge solch ein Feld
doch dann und wann
auch in mir!

Manchmal
scheint mir das Leben
so vergnüglich zu sein:
da fliegt meine Fröhlichkeit
weit hinweg
über all meine Sorgen
und mein Lachen
schallt vom Himmel
in hellem Echo
zurück.

Manchmal
scheint mir das Leben
so vergnüglich zu sein,
als ob sich das Quaken der
Frösche
im Teich
mit dem Gesang der Engel
vermischte
und beide miteinander
ein eigenwilliges Loblied
anstimmten.

Bunte Farben mal ich
auf die Leinwand –
nach und nach
entsteht ein Bild
angefüllt mit lauter Blumen
– und tatsächlich –
kleine Käfer krabbeln
auf den Blüten –
und ich lächle,
weil sie Wirklichkeit und Schein
offensichtlich
nicht zu trennen wissen
und sich ganz alleine
nähren wollen
von der Kunst.

Es ist schon eine Lust mit dem Lustigsein. Man kann darüber so viele trübe Gedanken vergessen, dass einem zumute ist, als würde das, was das Herz bedrückt, plötzlich davonschweben wie ein Schmetterling, der sich über alles Erdverhaftete erhebt – dem Himmel entgegen. Solche Augenblicke lassen sich nicht künstlich herbeiführen – aber es ist eine besondere Lebenskunst, sie wahrzunehmen und sich ihnen in behaglicher Gelassenheit hinzugeben.

BITTER

Es gab Zeiten in meinem Leben,
in denen ich weder aus
noch ein wusste,
Augenblicke, in denen ich
meinem Leben ein Ende
setzen wollte.
Und dennoch fand sich immer wieder
eine Hand, die mich hielt,
ein Mund, der zu trösten wusste,
und ein Herz voller Zärtlichkeit,
das mir sagte, dass es gut ist,
dass ich bin.

Es gibt böse Erfahrungen
in deinem Leben,
an denen du schwer
zu tragen hast.
Aber vielleicht gelingt es dir
eines Tages,
dem Fluch auch eine Spur
von Segen zu entlocken:
Im Umgang mit dem,
was dir weh tut,
entdeckst du zugleich
eigene Stärken.
Wenngleich du für die
bitteren Erlebnisse
nicht dankbar sein kannst,
so doch vielleicht für die Früchte,
die auf wunderbare Weise
auf dem dunklen Boden
gedeihen.

Einen alten Baum umarmen
und die Jahre ahnen,
in denen er Hitze und Kälte,
Sturm und Frost
standgehalten hat.

Einen alten Baum umarmen
und dich selbst wahrnehmen,
wie du die Widrigkeiten
deines Lebens
bisher gemeistert hast.

Auch auf sandigem Boden
kann Leben gedeihen,
wenn nur die Wurzeln
weit genug
in die Erfahrungen
fruchtbarer Zeiten
hinab reichen
und sich speisen lassen
aus der Fülle
ihrer bleibenden
und belebenden Kraft.

Mitten im Schatten
die letzten Sonnenstrahlen
eines Tages einfangen,
noch einmal Zeichen setzen,
dass gerade das Zarte,
Zerbrechliche und
unscheinbar Wirkende
dem Licht des Himmels
in besonderer Weise
nahe ist.

Das Leben von Zeit zu Zeit
ordnen und bislang Versäumtes
endlich zur Sprache bringen.
Um Versöhnung bitten,
damit die bedrückende
Last der Schuld
aus dem Weg geräumt wird
und sich gequälte Beziehungen
neu öffnen oder in Frieden
beendet werden können.
Immer wieder bedenken,
was Not tut,
um auch mit sich selbst
ins Reine zu kommen,
damit man getrost aufatmen
und problemlos schlafen kann.

Erwache
aus deinen verlorenen
Träumen
und deinen Sehnsüchten,
die niemals
in Erfüllung gehen.

Erwache
aus deinen Ängsten,
die dich innerlich
abschneiden von dem,
was wirklich lebendig ist.

Erwache
aus den Bildern,
die du dir
vom Leben gemacht hast,
und wage dich hinein
in das wirkliche Leben:
in Beziehungen,
die auf deine Fragen
eine Antwort schenken;
in Freundschaften,
in denen du Anspruch und
Widerspruch erfährst;
in Liebe,
die dich in der Tiefe berührt
und ungeahnte Kräfte
in dir lebendig werden lässt.

Die Dunkelheit ertragen,
zulassen können
die durchweinten Nächte
und grauen Tage,
die Müdigkeit,
die hinabziehen will
in die ewige Nacht.
Irgendwann zeigt sich wieder
ein Licht am Horizont,
werden Konturen sichtbar
von Bäumen und Gräsern,
von Hoffnung und Zuversicht.
Mit geweiteten Armen
wartet der neue Tag
auf dich.

Es werden Tage kommen,
die besser sind als die,
die du als verloren
beweinst.
Wie das Samenkorn
in der Dunkelheit
der Erde ruht,
um aufzugehen
und zu voller Schönheit
zu erblühen,
so wird auch deine Seele
aus der Dunkelheit
emporwachsen
zum Licht.
Das Wunder der Wandlung
vollzieht sich schon jetzt
in dir.

Jeder Stern
am dunklen Himmel
leuchtet Abend für Abend
auch für dich.
Er wird dich durch
die Nacht hin begleiten
und am Morgen
sein tröstliches Licht
gegen die lebensermutigenden
Strahlen der Sonne
eintauschen.

Nicht jeder Abschied
muss Tränen kosten,
es gibt auch die
dankbare Erinnerung
an sonnige Tage,
an genossenes Glück,
es gibt die Hand,
die loslassen kann,
weit geöffnet,
um sie der Zukunft
empfänglich
entgegenzuhalten.

Selbst der Unrat in deinem Leben
kann in dir bizarre, wundersam
reizvolle Spuren hinterlassen,
ständig wechselnd in ihrer Gestalt.
So mancher deiner Irrtümer,
die du heute beklagst,
auch Erfahrungen
von Schmerz und Schuld,
prägen dein Wesen
zu einmaliger Besonderheit,
machen dich zu dem Menschen,
der du bist.

Du kannst die Wunden
vergangener Tage
hegen und pflegen,
um immer etwas
zum Klagen zu haben.
Doch es gibt kein Leben,
das ohne Verletzungen bleibt.
Schade nur,
dass du dir mit der Lust
an den Leiden von gestern
den Blick verstellst
für die heiteren Tage
und die sonnigen Stunden
der Gegenwart,
in denen in der Stille
zuwachsen könnte,
was gestern
weh getan hat.

Wie oft träumst du
von einem Leben
ohne Schatten,
ohne Angst und Sorge,
ohne Schmerz und Schuld?
Doch erst im Kontrast
von Hell und Dunkel
kannst du Strukturen,
Form und Gestalt
vollständigen Lebens
erkennen,
durch die du Orientierung
finden kannst,
zur Begegnung
mit dir selbst.

Fürchte dich nicht
vor den dunklen Stunden,
denn auf jede Nacht
folgt ein Tag.
So wie uns die Nacht hilft,
neue Kräfte zu sammeln
für all das,
was uns am kommenden Tag
abverlangt wird,
so können wir auch hoffen,
dass unsere Traurigkeiten
ein Rückzug unserer Seele sind,
um in der Stille
neuen Lebensmut wachsen
und aufbrechen zu lassen,
dem Licht eines neuen Morgens
entgegen.

Möge sich der Himmel
endlich wieder
über dir auftun
und der heilige,
heilende Geist
allen Lebens
deine verletzte Seele
mit Zuversicht füllen,
damit du vom
Baum der Hoffnung
reife Früchte
ernten kannst.

An kalten Tagen
sich einen schützenden Raum
und eine Quelle
der Wärme suchen:
einen Kamin,
in dem das Feuer knistert,
einen Ofen,
in dem ein Bratapfel schmort,
oder am besten zwei Arme,
in die man sich wohlig
hineinschmiegen kann,
und ein Herz,
das einen auch ohne Worte
versteht.

Die Vergangenheit annehmen,
wie sie nun einmal
gewesen ist –
die Gegenwart wahrnehmen
in jedem beglückenden
Augenblick –
die Zukunft in sich aufnehmen
in ihrer überraschenden
Schönheit –
das Leben leicht nehmen
und seine heiteren Seiten
auskosten.

Ich wünsche dir die Kraft,
den Enttäuschungen
zu trotzen,
allen entmutigenden Erfahrungen
die Stirn zu bieten
und der Zukunft
aufrecht –
mit nach vorn
gewandtem Blick –
entgegen zu sehen.

Möge die Liebe
deine Seele durchströmen
wie Milch
und das Wort
der Vergebung
auf deiner Zunge
zergehen wie Honig.

Möge dein Herz
Manna bereithalten
für die Menschen,
denen du etwas schuldig
geblieben bist
in deiner Suche
um Nachsicht.

Mögen Brot und Wein
euch an einem
Tisch vereinen,
um das Verständnis
füreinander in der
Versöhnung
zu feiern.

Wenn mich meine Ängste
überschatten
und ich im Augenblick nicht weiß,
wohin mit meinen Sorgen,
dann hoffe ich darauf,
dass mir der Himmel
in seiner gnädigen Güte
ein Licht aufgehen lässt,
unter dem ich den richtigen Weg
für mich finde.

Ich wünsche dir,
dass dir inmitten der Nacht
ein Stern aufleuchtet
und dich aus der
Schläfrigkeit
deines müden Lebens
erweckt.

Möge dir ein Licht
aufgehen in deiner Seele,
damit du begreifst,
dass gerade du
gebraucht wirst –
als Hoffnungsschimmer für
diese Welt.

Es ist ein Segen,
wenn man sich einem Menschen
anvertrauen kann mit dem,
was einen mit Kummer erfüllt.
Was ausgesprochen wird,
verliert etwas von seinen
bedrohlichen Schrecken,
so dass sich die Hoffnung
nach und nach
wieder einwurzeln kann
in dein beklommenes,
zaghaftes Herz.

Wenn du auf dein
bisheriges Leben zurückblickst,
mögen es die enttäuschenden
und verletzenden
Erfahrungen sein,
die dir als erste
in den Sinn kommen.
Aber vielleicht hast du
nur zu dem Menschen
werden und wachsen können,
der du bist –
mit all deinen segensreichen
und heilvollen Seiten –
weil du den Betrübnissen
nicht ausgewichen bist,
sondern sie geduldig
durchlitten, ertragen
und durchlebt hast.

Wenn es still wird am Abend
und die Nacht ihre Sterne
auf geheimnisvolle Weise
über den Himmel führt,
dann mögest auch du
nach und nach
die verflossenen Stunden ablegen
wie einen Mantel
und zur Ruhe finden.

Gehe noch einmal
den vergangenen Tag
in deinen Gedanken durch:
seine erfüllten Augenblicke
und seinen Enttäuschungen.
Nimm nur die hellen Momente,
die dich berührt haben,
mit in den Schlaf, damit du morgen
mit gelöstem Herzen
erwachst.

Ich wünsche dir,
dass du im Rückblick auf dein Leben
– bei all den Schmerzen
und Enttäuschungen,
die es in dir hinterlassen hat –
zufrieden sein kannst.

Mögen sich dir
für die Zukunft Perspektiven auftun,
die dir Erfüllung
und Freude schenken,
damit du am Ende sagen kannst:
Vieles war gut.

Wie oft nehmen uns dunkle Erinnerungen an die Vergangenheit, unbeantwortete Fragen der Gegenwart und unbestimmte Ängste vor der Zukunft so gefangen, dass sie uns lähmen und dadurch unfähig machen, unser Leben in die eigene Hand zu nehmen. Dann haben wir zwei Möglichkeiten: Wir können uns in die winterlich-frostigen Zeiten der Vergangenheit verlieben und uns an unserem Leiden derart festklammern, dass unser Leben allein die Klage darüber bestimmt, wie schlecht es das Schicksal mit uns gemeint hat.

Oder wir versuchen, uns mit unserer Vergangenheit, die wir nun einmal sowieso nicht ändern können, auszusöhnen und uns der Gegenwart zu stellen. Vielleicht erleben wir ja in unserem Heute etwas Schönes, das uns wieder Mut macht, auf eine erneuerte Zukunft zu hoffen. Die kleinsten Spuren neuer Zuversicht können uns den Frühlingskräften, den Spuren der Hoffnung in unserer Seele, wieder neu begegnen lassen. Wer weiß, was noch alles in uns darauf wartet, endlich zum Leben erwachen zu dürfen!

Sich nach langen Zeiten
der Verkrümmtheit
wieder aufrichten
und sich dem Himmel mit
der Fülle seiner
segnenden Kraft
mit dem ganzen Sein
entgegenstrecken,
um sein Licht
in sich einzulassen –
dies ist Auferstehung
mitten am Tag.

Es gibt Augenblicke,
da wähnst du dich
dem Glück so nah,
und dann fliegt es dir
wieder davon
wie ein Vogel.
Es bleibt nichts
als ein leichter Luftzug
vom Flügelschlag.
Und doch ahnst du
in deinen Wunden
einen Hauch
vom Himmel.

Auch den dunklen Stunden
wohnt bisweilen
ein Sinn inne,
der erst im Nachhinein
erkennbar wird.
Manches,
was uns heute
verzweifeln lässt,
verwandelt sich morgen
zum Segen.

Guter Gott,
du Freund der Menschen,
bleibe bei mir in den Zeiten
meiner Verlassenheit.
Segne du die Stunden
der Einsamkeit,
dass ich nicht bitter werde
in meinem Kummer und ungerecht,
sondern dass sich in der Stille
die gebundenen Kräfte
wieder neu entfesseln
und mich aufstehen lassen,
wenn die Zeit reif dazu ist.

Manchmal kann es ein Segen sein, sich ganz von der Welt zurückzuziehen in die Einsamkeit, die Stille ringsum in sich einzuatmen und die inneren Stimmen zum Klingen zu bringen: Bilder vergangener Zeiten in sich aufsteigen zu lassen, um das Verlorene still zu beweinen, aber sich auch an dem, was gelungen ist, nachhaltig freuen zu können.

Aus den Erinnerungen an gestern wächst ein Gespür für das, was sich im Verborgenen danach sehnt, in der Zukunft ans Licht des Lebens zu kommen.

Wenn du traurig bist
und dein Herz
zu einer Herberge der Angst
geworden ist,
dann möge das
„Fürchte dich nicht!" der Engel
wenigstens eine Spur von Licht
in deine Dunkelheit bringen.
Wer wagt denn schon
mit Sicherheit zu behaupten,
dass es heute keine
Wunder mehr gibt?

Es gibt
Oasen in der Wüste,
leuchtendes Morgenrot
am Ende der Nacht,
Quellen unter Geröll
und eine Hand, die dich auch in den
dunkelsten Stunden fest hält.

Es gibt
Türen, die sich wieder öffnen,
Worte, die das Schweigen durchbrechen,
Gesten der Versöhnung
und erste Schritte auf dem Weg
zu einem Neuanfang.

Es gibt
Farben des Regenbogens,
Knospen aus trockenen Zweigen,
Trauer, die uns reifen lässt,
und ermutigenden Segen
für dich und mich.

SALZIG

Ich wünsche dir,
dass du dem Leben gegenüber
eine Haltung der Dankbarkeit
entwickeln kannst:
Du selbst vermagst ja nicht alles,
sondern du bist angewiesen
auf die tätige Kraft,
ein liebevolles Wort
oder eine aufrichtende Geste,
die dir von anderen Menschen
geschenkt wird.
Mögen dich solche Erfahrungen
dazu bewegen, auch deinen Teil
in das gemeinschaftliche
Spiel des Lebens
einzubringen.

In Frieden schlafen können
und am Morgen
in einen hellen Tag aufstehen,
in den man etwas von den
eigenen Begabungen
und schöpferischen Fähigkeiten
hinein geben kann,
um damit die Welt ein wenig
mit zu verändern und zu gestalten,
schenkt innere Zufriedenheit
und füllt das Herz mit Dankbarkeit.

Wie herrlich bunt ist doch die Welt,
weil sie von Menschen
mit den unterschiedlichsten Begabungen
gestaltet worden ist.
Wie wundervoll sind die Künste,
an denen wir uns erfreuen dürfen,
wie wichtig die Wissenschaften,
die unser Leben erleichtern.
Geben wir unserem Dank dafür
in der Weise Ausdruck,
dass auch wir selbst
etwas erschaffen,
was das Leben
reicher macht.

Danken
ist mehr als nur ein Wort.
Danken
ist die gelebte Antwort
auf das Geschenk meines Daseins
und auf das Wunder allen Lebens
um mich herum.

Darum versuche ich
keine Blume zu zertreten,
keines Menschen Seele
zu verletzen
und behutsam umzugehen
mit mir selbst.

Bleib nicht stehen
auf deiner Lebensbahn
und denke nicht,
dass du zu alt bist,
um noch Neues
zu beginnen.

Jeder Tag ist
wie eine Schale,
die von der Umsetzung
deiner Visionen,
Ideen und Einfälle
gefüllt werden will.

Ich wünsche dir,
dass du den Mut aufbringst,
noch einmal etwas
ganz Neues anzufangen,
und dass du das Risiko dabei
nicht scheust.

Mögest du dir
diese innere Haltung bewahren,
damit du niemals
zu resignieren beginnst,
sondern immer wieder
zu einem neuen Aufbruch
bereit bist.

Nicht mehr
so dahinleben
und dich leben lassen
von den alltäglichen Pflichten,
von der oberflächlichen
Unterhaltung,
von den Erwartungen,
die andere Menschen
stets an dich stellen.

Eines Morgens früh
aufstehen
und einen Weg suchen,
der dir Klarheit bringt
über das,
was dich in der Tiefe bewegt,
was du selbst für dich willst,
was dir wichtig
und wesentlich ist.

Vielleicht
solltest du dir
dann und wann
ein Schlupfloch suchen,
wenn dich die
alltägliche Enge
allzu sehr drückt.
Jenseits des Zauns
leuchtet die Freiheit
voller Verheißung
und Licht.

Warum
hast du so viel Angst
vor deiner eigenen Lebendigkeit?
Das Leben wird erst dann bunt,
vielfältig und tief,
wo du es ganz in dich hineinfließen
und ganz aus dir herausströmen lässt
– wo es dich bewegt –.
Lass dich hineinfallen
in das Leben,
und es wird dir seinen Reichtum
nicht verweigern.

Ich wünsche dir,
dass die Farbenpracht
blühender Blumen und Bäume
die Farbigkeit deiner Seele
neu belebt
und das Singen eines Vogels
in der Stille des Waldes
dich wieder neu aufhorchen lässt.
Der Duft frischer Erde,
süß riechender Blumen
und reifer Früchte
möge dich betören
und der Geschmack des Salzes,
den der Wind vom Meer her
auf deine Zunge trägt,
möge in einem Hauch von Fernweh
versunkene Sehnsüchte in dir
wieder neu aufsteigen lassen.

Ich wünsche dir,
dass du in solchem Leben
mit wachen Sinnen Sinn erfährst,
dass Lebenslust dein Herz bewegt
und deine Zärtlichkeit
dich und den geliebten Menschen
glücklich macht.

Steh auf,
riskiere ein Wort,
erhebe die Stimme dort,
wo anderen Unrecht geschieht
und der Hass
wieder blüht.

Steh auf,
riskiere das höhnische Lachen,
mit dem andere sich
über dich lustig machen,
weil es für dich zwischen Menschen
keine Grenzen mehr gibt.

Steh auf, denn es ist Zeit,
unweit von Völkermorden und Kriegen
kannst du vor deiner Tür
den Hass besiegen.
Es liegt auch in deiner Hand,
ob Frieden wird
im Menschenland.

Friede sei über dir
von einem Ende des Horizonts
bis zum anderen,
damit du behütet bleibst
vom Aufgang der Sonne
bis tief in die Nacht.

Friede sei mit dir,
wo immer du auch unterwegs bist,
damit du heiter und unbesorgt
dein Tagewerk vollbringen
und des Nachts angstfrei
schlafen kannst.

Friede sei in dir
bei allem, was du denkst,
sagst oder tust,
damit durch dich
ein Stück vom Himmel
auf dieser Erde spürbar wird.

Loben und preisen will ich dich,
mein Gott,
dass du in mir Wohnung genommen
und mir mit dem Feuer
des Heiligen Geistes
Leib und Seele entzündet hast.
Seitdem ich erfahren habe,
dass du auf der Seite der Schwachen,
der Ohnmächtigen
und der Entrechteten stehst,
fühle ich mich ermutigt
und gestärkt,
mich einzusetzen
für eine gerechtere Welt,
in der es keine Reichen
und keine Armen,
keine Übersättigten
und keine Hungernden,
keine Herrschenden
und keine Unterdrückten
mehr gibt,
damit jeder Mensch auf dieser Erde
in Würde und Freiheit,
in Gerechtigkeit und Frieden
leben kann,
wie es für alle Zeiten
dein Wille ist.

(Nach dem Magnificat, Lukas 1, 46-55)

Träume dich hinein
in die Nacht,
in der die Sterne
die Dunkelheit erleuchten
und ein stilles Glänzen
den Himmel deiner Seele durchwebt.

Träume dich hinein
in das Wunder neuen Lebens,
das, durch dich gezeugt
und in dir empfangen,
in den anbrechenden Tag hinein
geboren werden will.

Träume dich hinein
in neue Hoffnungsblumen,
schmerzfrei,
liebevoll,
und du wirst Mut pflanzen
in die Gärten der Trostlosen,
so dass die Tränen der Nacht
vom Lächeln der Morgenfreude
getrocknet werden.

Sich engagieren
gegen Hunger und Ungerechtigkeit
und sich zugleich
freuen können
an Essen und Trinken,
an Feier und Fest.

Sich beunruhigen lassen
durch Krieg und Gewalt
und sich zugleich
beruhigt schlafen legen,
dankbar für den Frieden
im eigenen Land.

Gegen die zunehmende
Umweltzerstörung kämpfen
und doch zugleich
die Schönheit der Natur
in sich aufnehmen
und sich begeistern können
an Blumen und Bienen,
an Wasser und Wald.

Sensibel bleiben
für Kranke und Leidende
und zugleich
die eigene Gesundheit genießen
und die Möglichkeiten,
die sich dadurch eröffnen,
um glücklich zu sein.

Aus der Freude,
dem Genuss und der Lust
und der Ruhe im Herzen
wieder Kräfte wachsen lassen
zum Einsatz
für gelingendes Leben
und eine versöhnte Welt.

Wir diskutieren
und debattieren,
wir informieren
und referieren:
wir reden stets
so viel
und sagen oft
so wenig.

Manchmal
genügt ein Wort,
um das Herz
zu bewegen
für den nächsten
Schritt.

Sich nicht ablenken lassen
von tausend Dingen,
die im Alltag auf einen
einstürmen.

Das Herz öffnen,
um sich auf den Kern das Lebens,
auf das Wesentliche
zu besinnen.

Der Liebe mehr Raum geben,
zärtliche Worte finden
und der Versöhnung
den Weg bereiten.

Ein Haus bauen,
in dem es warm, hell
und gemütlich ist,
mit einem Suppentopf
auf dem Herd
und einem Tisch,
an dem Menschen
Essen und Trinken
miteinander teilen.

Ein Haus bauen,
aus dessen Fenstern
das Licht nach außen scheint,
dessen Tür offen steht,
in dem willkommen ist,
wer um Brot bittet;
ein Haus bauen,
das vielen Menschen
ein Zuhause wird.

Mögest du stets um einen Menschen wissen,
der dir sein Haus öffnet,
wenn du nicht mehr aus noch ein weißt,
der dir zuhört
und deine Sorgen mit dir trägt.

Möge dein Haus offene Türen haben
für Freunde und Fremde,
die deine Hilfe brauchen,
auch wenn es dir
im Augenblick nicht gefällt.

Wachsen und werden,
sich ausstrecken
nach dem Licht des Himmels,
Ahnung auskosten
von grenzenloser
Lebenslust.

Wachsen und werden,
sich sättigen
von der Fülle der Erde,
Träume gestalten
in ungebeugter
Schöpfungskraft.

Gott segne dich und fülle dein Herz
und deinen Tisch und dein Haus
mit dem, was du zum Leben brauchst,

und lasse dich zum Segen werden für die,
die bedürftig sind,
dass du ihnen das Herz
und den Tisch und das Haus
füllst mit dem,
was ihre Not wenden kann.

PERSÖNLICHE WORTE

Ich selbst bin ein ernster Mensch – geprägt durch eine Reihe bitterer Erfahrungen, die sich nicht aus dem Gedächtnis streichen lassen, so sehr ich mich auch immer wieder darum bemüht habe und bemühe. Sie gehören zu mir und sind vielleicht auch mit eine tiefe Quelle für die Texte, die ich schreibe. Aber sie erlauben mir trotz aller Schwere die Möglichkeit, mich von Herzen freuen zu können. Der Gesang der Amseln im Frühjahr, dem ich die ganze Winterzeit über entgegenfiebere, rührt mich immer wieder zu Tränen. Aber nicht nur das Ohr, auch die Geschmackssinne sind bei mir gut ausgeprägt. Ich koche leidenschaftlich gern – und das, was dann auf den Tisch kommt, kann sich meistens auch sehen, riechen und schmecken lassen. Das sagen jedenfalls mein Mann und meine Gäste.

Mein selbst angelegter und liebevoll gepflegter kleiner Rosengarten war schon oft Ort für vertraute Gespräche mit Menschen, die mich gern haben und die für mich da sind, wenn ich sie brauche. Für diese Freundschaften bin ich von ganzem Herzen dankbar. In solchem innigen Zusammensein ist häufig auch viel Humor im Spiel, den ich außerordentlich schätze, wenngleich ich mich mit dem Vergnügen an sich schwer tue. Ich neige dazu, vieles eher schwer als leicht zu nehmen, messe der Kritik an mir ein höheres Maß zu als dem Lob.

Wichtig ist mir stets, dass ich neben all den alltäglichen Pflichten an etwas arbeite, das mich ganz erfüllt, das mir Sinn gibt. Ich brauche immer ein Ziel vor Augen: Ein neues Buch, ein Projekt, eine Lesung, ein Gemälde. Dafür brauche ich Stille – den tiefen Frieden der Nacht, der mir Geborgenheit schenkt und mich ganz bei mir selbst sein lässt.

Über die Verwirklichung meiner eigenen Träume und Wünsche hinaus bemühe ich mich darum, mich für Menschen einzusetzen, die meine Hilfe brauchen. Ich würde alles darum geben, wenn ich die Welt gerechter und friedvoller machen könnte. Diesen Idealismus meiner Jugend habe ich allerdings im Laufe der Jahre verloren.

Aber ich weiß, dass ich Menschen, die sich mit ihren Problemen an mich wenden, gut zuhören kann, um ihnen dadurch zu helfen, aus ihrer Notsituation herauszukommen und ihren eigenen Weg zu finden. Und wenn das dann und wann gelingt, ist es, so denke ich mittlerweile, schon viel.

Christa Spilling-Nöker